AF509743

AVIS DE L'ÉDITEUR.

Il y a quelques jours qu'en parcourant une bibliotheque riche en manuſcrits très-anciens, il m'en tomba un ſous la main, qui me parut renfermer pluſieurs morceaux aſſez curieux. Je diſtinguai ſur-tout une prophétie que j'y trouvai ; je fus frappé de ſes rapports avec les événemens préſens, & je crois que le lecteur en ſera tout auſſi étonné que moi. Quoique ces temps de haute phi-loſophie ne ſoient pas ceux où l'on ſe permette de croire aux prophéties, on ſera forcé de convenir que celle-ci porte tous les caractères de la vérité. La venue d'un homme de génie y eſt clairement

prédite ; & quoiqu'en difent les Jour-
naux, nous avons cet homme de génie.
La deftruction de l'empire des Médecins
n'y eft pas moins clairement annoncée;
& quoique veuillent bien en dire les
Médecins, il eft évident qu'ils touchent
au moment d'une très-grande révolution.
Mais ce n'eft rien encore , j'avoue que
je penfai tomber à la renverfe , quand,
à force de déchiffrer, j'arrivai à ce qui
eft annoncé & prédit de M. l'Abbé
Aubert & de fes Œuvres ; le Prophète
ne s'eft pas contenté de le défigner, il
l'a nommé, & fix fiecles avant fa venue ;
car il eft prouvé que le manufcrit eft au
moins du douzième fiècle. Je l'ai nommé
auffi pour ne rien diminuer de l'authen-
ticité de l'original, ni de la célébrité de
M. l'Abbé Aubert. Je le prierai lui-même
de m'expliquer un fait auffi étonnant ; car
fa manière de parler & d'écrire fur ce

que nous devons croire ou ne pas croire, fait que depuis longtemps j'ai la plus grande confiance dans fes interpréta-tions. J'attends avec impatience ce qu'il voudra bien dire du petit paragraphe qui le regarde, pour me faire une opi-nion.

A l'article qui précede le fien , & qui confond dans la même prédiction les Gazetiers, Journaliftes & Folliculaires, j'ai trouvé un autre nom que je n'ai pas pu lire affez fûrement pour répondre , mais qui me paroît bien être celui de M. Paulet. Je ne donne ceci que comme une conjecture, & voilà pourquoi je ne l'ai pas nommé.

Tout ce morceau eft écrit en grec, & je crois que ce grec n'eft lui-même qu'une traduction de l'hébreu. Comme je n'ai trouvé d'ailleurs ni date, ni au-cun renfeignement fur le nom & la qua-

lité du Prophète, le lecteur fera comme
moi, il en penfera tout ce qu'il voudra. Je ne lui garantis que l'ancienneté
du manufcrit, & c'eft-là l'important;
car dans un fiècle où l'on attribue tout
à l'imagination, on pourroit bien auffi
lui attribuer ma prophétie.

PROPHÉTIE

Dont l'accomplissement paroît devoir être assez prochain.

J'ERROIS sur les rives du fleuve qui arrose la grande Ville, quand l'esprit de l'inspiration s'empara de moi & me dit : Enfant de l'homme, tu liras ce qui est écrit..... Annonce-le sans crainte aux Grands, aux Puissans, aux Savans & au Peuple, car je te redemanderai le sang & la vie de celui que tu n'auras pas instruit, & qui sera tombé dans les pièges de mort qu'il n'aura pu éviter ; Dis à l'incrédule qui aura entendu ta voix, & qui ne se convertira pas, qu'il mourra avant le tems, en punition de son incrédulité.

Les Cieux alors s'ouvrirent avec un horrible bruit, il en descendit une vive lumière dont je fus environné ; les rives du fleuve s'étoient changées en un vaste champ rempli de monceaux d'ossemens..... Une table d'airain chargée de caractères profondément gravés, s'offrit à ma vue ; je m'en approchai, & rempli d'une secrette horreur, je lus ce qui suit, & je vous l'annonce : Grands, Puissans, Savans, & toi Peuple de la grande Ville, on ne me redemandera ni le sang, ni la vie d'aucun de vous.

Dans les maux & les innombrables souffrances

qui nous tourmenteront, nous croirons aux dangereuses paroles & promesses d'un certain ordre d'hommes ignorans, vains & superbes, qui prétendront connoître les remèdes des maux qui nous affligent, & nous perdrons toute confiance dans la nature.

Et ils ne connoîtront pas ces remèdes, mais ils nous accableront de maux plus graves que ceux dont ils prétendoient nous guérir, & dont ils ne nous auront pas guéris.

Toutes les puissances des Langues ne suffiront pas pour dénommer les genres divers des maladies qu'ils feront naître, & qui ne seront que les tristes & cruels effets de leur fausse science, & la terre retentira de toutes parts des gémissemens & des cris de la douleur, car elle sera couverte d'hydropisies, de phtisies, d'apoplexies, d'épilepsies, de catalepsies, de manies, de folies, & ils accuseront la Nature de tous les maux qu'ils auront causés.

Les Peuples qui n'auront pas encore laissé s'obscurcir les lumières pures de leur raison, ne souffriront pas que ces hommes dangereux s'établissent parmi eux, ou les chasseront le plutôt qu'ils le pourront.

Les faux Docteurs se réuniront & se formeront en Corps; chez les nations crédules, ils abuseront de l'ignorance, de la superstition & de la foibiesse, ils y formeront un Empire redoutable sous le titre & nom de Faculté.

Malheur, & trois fois malheur, à la nation aveugle qui laissera se former dans son sein cet empire de ruine & de destruction.

Alors ils s'assembleront & donneront le nom de science à une doctrine fausse & meurtrière.

Et ils s'appelleront Docteurs, formeront des Elèves, soutiendront des absurdités dans une Langue étrangère à celle de leurs concitoyens, expédieront des Brevets à de nouveaux Docteurs, qui en procréeront ainsi d'autres à l'infini.

Et ils traîneront à leur suite deux espèces d'hommes subordonnés à leur empire ; ils se serviront des uns pour répandre le sang, & des autres pour composer des poisons.

Les premiers, plus honnêtes, se permettront souvent de ne pas exécuter les ordres cruels qu'ils recevront, mais les autres obéiront avec l'exactitude la plus scrupuleuse ; & ces derniers, que l'on nommera Pharmaciens, feront des compositions infernales ; ils réuniront dans un même vase, les productions les plus étranges de diverses contrées, donneront à ces terribles mélanges des noms inintelligibles, & s'applaudiront de voir que personne ne peut pénétrer le secret de leurs redoutables manipulations.

Les crédules, les superstitieux, les insensés, les imbéciles avaleront ces poisons, que les Gouvernemens laisseront vendre publiquement, & ils seront frappés de mort ou de maux dont ils ne seront jamais guéris.

Les moins cruels d'entre ces faux Docteurs ordonneront (car tel sera le despotisme de leur empire, que leurs simples avis seront énoncés par des ordonnances). Ils ordonneront des remèdes ridicules ; & ceux qui useront de ces remèdes, seront dégoûtés pour long tems, mais ne mourront pas.

Leur ignorance sera telle, qu'ils nieront la circulation du sang, & ils persécuteront ceux qui la démontreront.

Ainſi perſécuteront-ils tous ceux qui feront de nouvelles découvertes par leſquelles leur orgueil ſera humilié, ceux encoré qui propoſeront des remèdes qu'ils n'auront pas imaginés, & dont la ſimplicité les effraiera (1). Et après avoir proſcrit ces remèdes, ils en uſeront eux-mêmes avec un excès funeſte; & tel ſera l'aveuglement des Nations, que, malgré ces étranges & abſurdes inconſéquences, on ne ceſſera pas de croire en eux.

Et ils s'éléveront, dans leur fureur, contre une Pratique heureuſe, qui doit ſauver les deux tiers de l'humanité des ravages d'une maladie épouvantable; ils ne feront touchés ni des regrets de la beauté flétrie, ni des pleurs de l'enfance détruite dans le berceau; ils perſiſteront dans leur cruel entêtement, juſqu'au tems où l'opinion l'emportera ſur leurs intrigues; ils inoculeront enfin, & on oubliera qu'ils ont condamné l'inoculation.

On reconnoîtra tous ces faux Docteurs à leurs vêtemens lugubres, à leur maintien important, à leur jargon inintelligible, à l'incertitude de leurs ſyſtêmes, au mal qu'ils diſent réciproquement les uns des autres, & au deſpotiſme qu'ils exercent ſur les têtes foibles.

Il s'élévera contr'eux un autre corps de faux Docteurs, ſous le nom de Société Royale. Ceux-ci ne le céderont en rien aux premiers; ils ſe vanteront de s'occuper ſans relâche des moyens de conſerver l'eſpèce humaine.

Ils crieront contre le Charlataniſme, &

---

(1) On croit qu'il pourroit bien être queſtion ici de l'Émétique & du Quinquina.

donneront tous les jours à des Charlatans, &
pour de l'argent, le pouvoir d'empoifonner
de leurs drogues malfaifantes les villes & les
campagnes; & le Secrétaire perpétuel fera
de belles phrafes pour prouver que ce Corps
Royal eft utile à l'humanité, & les Sociétaires
admireront le génie de leur Secrétaire perpétuel, qui pourtant n'aura pas de génie.

Dans des tems de malheur, où les enfans
des hommes feront frappés d'une plaie pefti-
lentielle, ils arriveront pour en arrêter les
progrès; mais ils ne les arrêteront pas: les
habitans des bourgs & des villages périront
jufqu'au dernier; & quand, femblable à l'in-
cendie qui s'éteint faute d'alimens, le fléau
n'aura plus de victimes à frapper, ils revien-
dront tous glorieux dans la grande Ville, &
fe vanteront dans leurs Ecrits d'avoir triomphé
de fa rage.

Si la plaie ne s'étend que fur les animaux,
ils agiront d'une manière plus certaine: en
leur qualité de Commiffaires, ils les feront
tous tuer fans diftinction. Alors ils pourront
dire avec confiance qu'ils ont arrêté la maladie; & cependant on n'entendra que plaintes
& gémiffemens dans les campagnes ainfi ra-
vagées, & leurs triftes habitans verront dans
l'arrivée des Commiffaires, le plus redoutable
des fléaux.

Il eft écrit que ces *Docteurs modernes*, quoiqu'ennemis irréconciliables des anciens & faux
Docteurs des Facultés, fe réuniront à eux, &
feront caufe commune toutes les fois qu'il
s'agira d'étouffer une vérité utile, & d'en
perfécuter l'Inventeur.

Cependant les siècles en s'écoulant, amène-
ront le jour des vengeances, ce jour terrible
où leur fausse science sera reconnue, où leurs
intrigues seront dévoilées, où la vérité con-
fondra ses vils persécuteurs.

Il paroîtra un homme de génie qui, après
avoir vainement cherché des connoissances
utiles dans leurs innombrables & dégoûtans
Ecrits, s'adressera à la Nature, & la Nature
le recevra, & elle lui révélera le secret de
son action.

Cet homme dira aux faux Docteurs, qu'on
appellera improprement Médecins, puisqu'ils
ne guériront pas, il leur dira que leur pré-
tendue science est incertaine & funeste ; que
leurs médicamens sont autant de poisons, &
que la plupart des autres moyens qu'ils em-
ploient sont tout aussi dangereux.

Il leur dira que la Nature veille avec plus
de soin encore que la *Société Royale*, à la conservation des hommes, qu'elle n'a rien laissé
d'arbitraire à nos vaines discussions ; que tout
est assujetti à des loix fixes & immuables.

Il leur dira qu'il n'est pas raisonnable de
croire que la Nature ait voulu & ordonné des
absurdités ; par exemple, qu'un habitant de
l'Europe fût obligé, pour se guérir, d'aller
s'exposer à mille dangers pour aller cueillir
une drogue qui croît dans les régions les plus
profondes de l'Asie.

Il leur prouvera que le principe de la gué-
rison est le même que celui de la conservation,
car il conservera & guérira par les mêmes
moyens ; il leur proposera de leur révéler ses
connoissances, s'ils consentent à prendre la

qualité de difciples, avant que de prendre celle de juges, & ne leur demandera que de la bonne foi.

Or il eft écrit qu'à cette feule propofition, les Médecins frémiront de rage, qu'ils répandront d'atroces calomnies, qu'ils ameuteront leurs Secretaires, & fouleveront contre l'homme de génie les Puiffances du monde.

Ils iront demander du fecours aux Savans d'autres Corps qui fe feront auffi élevés dans ce temps fous le nom d'Académies, & fans l'approbation defquels on ne pourra plus croire comme vrai ce que l'on verra & fentira, tant fera profonde la fuperftitieufe confiance des Peuples.

Et les Médecins & les Savans fe réuniront, ils demanderont qu'on leur livre l'homme de génie pour le juger, & les Peuples trompés applaudiront.

Mais l'homme de génie qui aura reconnu leur mauvaife foi & l'incertitude de leur fcience, ne voudra pas être jugé par eux, il dira avec raifon qu'ils font fes ennemis, les ennemis de la Nature & de la vérité.

Sans refpect pour fa propriété & la confiance dont les honorera leur Nation, les Savans & les faux Médecins iront chez un Eleve qui aura trompé & trahi fon Maître, & que fon Maître défavouera; là ils jugeront à leur aife que fa découverte eft une chimere, & ils ne connoîtront pas fa découverte; ils feront des expériences d'enfans, & de beaux difcours; ils trahiront la vérité & la confiance publique, & le vulgaire croira à leur décifion;

mais les gens fenfés méprriferont à la fois & leur jugement & leur maniere de juger.

Telle fera la force de la vérité, qu'ils fe trahiront eux-mêmes par leurs propres paroles, car ils avoueront que la Nature & la ceffation des remedes peuvent guérir; ils diront fans honte des abfurdités groffieres; ils foutiendront que des faits ne font pas preuve en Médecine, quand ils n'oferont pas nier les faits; ils ajouteront que cette fublime découverte peut être très-nuifible, après avoir affuré qu'elle n'exiftoit pas.

Et les Médecins feront de fottes plaifanteries qu'ils donneront pour des raifons; un d'eux voudra mettre des injures en vers, mais il ne faura pas faire des vers; & cette fale rapfodie reftera à jamais comme un monument qui atteftera dans tous les temps le mauvais goût des faux Docteurs.

Il y aura encore dans ce temps plufieurs autres efpeces d'hommes connus fous le nom de Gazetiers, Folliculaires, Journaliftes, dont le métier fera de tenir chaque jour, chaque femaine & chaque mois, un état exact des opinions, des rapports & des calomnies des faux Savans, qu'ils publieront & accréditeront. Ils feront foudoyés pour outrager la vérité, & ils l'outrageront fans ceffe. Ils abuferont de leur publicité; ils répandront dans mille contrées à la fois le venin de la haine & de l'envie; & ceux qu'ils calomnieront n'auront pas la liberté d'inférer un mot de défenfe dans leurs feuilles.

Et les fimples croiront à leurs rapports; mais les gens éclairés n'y verront que menfonge & mauvaife foi; ils fauront que dans d'autres

temps ces faux Ecrivains diront le contraire
de leurs premieres affertions, s'il eft de leur
intérêt de changer de langage ; car telle fera
la nature de ces hommes connus fous les noms
de Gazetiers, Journaliftes ou Folliculaires.

Un d'eux fe diftinguera par l'impudence & la
baffeffe de fon ftyle ; & il s'appellera l'Abbé
Aubert, & il aura fait de mauvais ouvrages
que perfonne n'aura lus ; il compofera des re-
cueils d'écriteaux de maifons, d'affiches de
fripperie ; & à la fin de fon œuvre, il fe mé-
nagera une place pour parler de littérature &
de fciences, quoiqu'il foit prédit & annoncé,
longtemps avant fa venue, qu'il ne fera ni
Savant ni Littérateur ; il dira des injures groffieres, & on le fera taire, & il tombera dans
l'oubli, étouffant de rage fous un monceau
d'affiches.

On jouera fur un Théâtre public une plate
Comédie, dans laquelle on violera toutes les
loix de l'honnêteté, de la décence, du bon
goût, de l'hofpitalité, &, comme on le verra
un jour, celles encore de la reconnoiffance ;
& on permettra & on encouragera cette manière de difcuter la vérité.

Ecoute, écoute, Peuple de la grande Ville,
la parole qui t'eft annoncée, & qui aura fon
entier accompliffement : Tu traiteras avec la
légèreté qui t'eft naturelle, & comme une mode
paffagère, cette importante découverte ; tu riras
des farcafmes de fes ennemis, tu applaudiras à
leurs perfécutions, & tu prendras fans examen
les drogues funeftes d'un faux Docteur, qu'on
appellera Sterck ; tu t'abreuveras des fucs
empoifonnés de la ciguë, de l'hyofciam, de

l'aconit ; tu te gorgeras de sublimé corrosif ;
tu seras couvert de plaies sanglantes ; le véfi-
catoire s'attachera à ta peau, & le cautère
dévorera ta subftance ; tu seras frappé d'aveuglement, & en punition de ton insouciance sur
le sort de la vérité que tu t'obftines à mécon-
noître ; tu seras la victime continuellement
souffrante des faux Docteurs, qui subfifteront
encore long-tems dans l'enceinte de tes murs,
même après que tu auras cessé de croire en
eux.

Cependant les Elèves de l'homme de génie
propageront sa doctrine, & ses effets salutaires
se manifefteront par des guérisons multipliées ;
les Savans confondus ne sçauront où se cacher,
dans la honte que leur inspirera le souvenir de
leurs faux jugemens ; les nations les accuseront
de mauvaise foi, & ne croiront plus aux vaines
décifions de leur science superbe : les faux
Docteurs rentreront dans leurs obfcures écoles
pour y dreffer des formulaires iniques & ab-
furdes ; plufieurs d'entr'eux, convertis par des
faits, refuseront de figner ces formulaires, &
rendront hommage à la vérité ; ils seront rayés
des regiftres des Facultés, ce qui honorera à
jamais leur mémoire, & les Folliculaires se
rétracteront sans pudeur & sans regret.

Quand le tems du triomphe de la vérité
approchera, un bruit sourd se fera entendre
sous les voûtes ténébreuses des salles des Faculté & Société Royale ; les faux Docteurs
fuiront, chaffés par la crainte d'être écrafés
sous les ruines des édifices chancelans ; mais
ils ne trouveront plus de repos, ni dans aucun
lieu, ni dans aucun tems ; le jour ils seront

livrés au ridicule & au mépris par les vivans,
& dans le silence de la nuit, ils seront tour-
mentés par les apparitions de spectres plaintifs,
qui leur reprocheront leur aveuglement & leur
mauvaise foi.

Et les boutiques des Pharmaciens s'ébranle-
ront jusques dans leurs fondemens, les vases
se briseront, & les poisons qu'ils renferment
couleront par ruisseaux, & l'air sera long-tems
infecté des exhalaisons de ces funestes breu-
vages.

Les faux Docteurs n'oseront plus se montrer
dans leurs lugubres vêtemens aux peuples dé-
sabusés, & rendus enfin aux soins bienfaisans
de la Nature si long-tems méconnus, & ils
fuiront dans d'autres contrées, où ils essaye-
ront, mais en vain, d'établir un nouvel empire.
Le jour pur de la vérité éclairera la terre en-
tière, & dans les régions les plus éloignées,
l'Humanité reconnoissante couronnera les sta-
tues du grand homme qu'un siècle de fausse lumière aura calomnié & outragé.

Et les Médecins & les Apothicaires dispa-
roîtront de dessus la surface de la terre.

Ainsi soit-il.